CATALOGUE

D'UNE

JOLIE COLLECTION

DE

MÉDAILLES ET MONNAIES

ANTIQUES, GRECQUES ET ROMAINES,

DE

MONNAIES FRANÇAISES ET ÉTRANGÈRES,

LA PLUPART DU MOYEN-AGE,

Qui composaient le cabinet de M. Ch***.

DONT LA VENTE SE FERA

LE LUNDI 4 NOVEMBRE 1850, ET JOURS SUIVANTS,

Heure de midi.

HOTEL DES VENTES MOBILIÈRES

RUE DES JEUNEURS, 42,

Salle n. 4,

Par le ministère de **Me BONNEFONS DE LAVIALLE,**
Commissaire-Priseur, rue de Choiseul, 11.

LE PRÉSENT CATALOGUE SE DISTRIBUE A PARIS,

Chez **Me Bonnefons de Lavialle,** Commissaire-Priseur,
rue de Choiseul, n. 11.

M. Rollin, antiquaire, rue Vivienne, n. 12.

Defer, expert, quai Voltaire, n. 21.

—

1850

6715

CATALOGUE

D'UNE

JOLIE COLLECTION

DE

MÉDAILLES ET MONNAIES

ANTIQUES, GRECQUES ET ROMAINES,

DE

MONNAIES FRANÇAISES ET ÉTRANGÈRES,

LA PLUPART DU MOYEN-AGE,

Qui composaient le cabinet de M. Ch***.

DONT LA VENTE SE FERA

LE LUNDI 4 NOVEMBRE 1850, ET JOURS SUIVANTS.

Heure de midi.

HOTEL DES VENTES MOBILIÈRES

RUE DES JEUNEURS, 42,

Salle n. 4,

Par le ministère de Me BONNEFONS DE LAVIALLE,
Commissaire-Priseur, rue de Choiseul, 11.

LE PRÉSENT CATALOGUE SE DISTRIBUE A PARIS,

Chez Me Bonnefons de Lavialle, Commissaire-Priseur, rue de Choiseul, n. 11.
M. Rollin, antiquaire, rue Vivienne, n. 12.
M. Defer, expert, quai Voltaire, n. 21.

1850

AVERTISSEMENT.

Les monnaies de cette collection sont toutes d'une belle conservation, et l'on remarque sous les nos 62, 78, 92, 97, 114, 123, 144, 146, 149, etc., des pièces dignes de fixer l'attention des amateurs, soit pour leur rareté, soit pour leur beauté, une suite d'essai de la République de belle condition.

Dans les pièces d'or et les écus étrangers, il y a aussi beaucoup de pièces rares qu'il serait trop long d'énumérer ici, et que MM. les Amateurs seront à même d'apprécier à l'exposition qui aura lieu le matin de chaque vacation de onze heures à une heure.

CONDITIONS DE LA VENTE.

Cinq pour cent en sus des enchères applicables aux frais.

On suivra l'ordre numérique.

DÉSIGNATION SOMMAIRE.

Gauloises.

1 — Gauloises, argent, quatre pièces.
2 — Id. bronze, sept pièces.
3 — Id. bronze, six pièces.
4 — Lutetia, or.
5 — Torigix, chef gaulois, argent.
Epomaete, chef gaulois, bronze.
Gauloise de l'Armorique, argent.
6 — Monnaie de la Gaule Belgique, or. Cheval à tète humaine.

Italie, Sicile.

7 — Neapolis, une pièce argent, deux pièces bronze.
8 — Cyrenaïque bronze.
Métaponte, argent.
Heraclée, argent.

9 — Brutium, Italie, bronze.
Agrigente, Sicile, bronze.
Phintias, tyran d'Agrigente, bronze.
Catane, bronze.
Monnaie frappée en Sicile par les Carthaginois, bronze.
Syracuse, deux pièces, bronze.
Hieron II, roi de Sicile, bronze.
10 — Gela, colonie de Cretois, argent.
11 — Syracuse, argent.

Macédoine.

12 — Amphipolis, trois pièces, bronze.
Thessalonique, bronze.
Philippe II, bronze.
Alexandre-le-Grand, quatre pièces, bronze.
Pièce frappée en Macédoine, en mémoire d'Alexandre-le-Grand, bronze.
13 — Philippe II, argent.

Grèce.

14 — Athènes, argent.
15 — Athènes, bronze.
Corinthe, argent.
Corinthe, bronze.
Sicyone, une pièce argent, deux pièces bronze.
16 — Thèbes, argent.
Clazomène, bronze.
Erythrée, bronze.
Agatocles, bronze.
Corcyre, une pièce argent.

17 — Thasos, argent.
18 — Cnossus, bronze.
Rhodes, une pièce, argent.
Thèbes, bronze.
Alexandre Bala, une pièce, bronze.
Lacœdemone, Rhodes, Sicyone, bronze.

Syrie.

19 — Antiochus IV, Epiphanes, bronze, deux pièces.
Alexandre Ier, Bala, bronze.
Demetrius, bronze.
20 — Alexandre Ier, Bala, argent, Fausse de Becker.

Bithynie, Mysie.

21 — Nicomède, roi de Bithynie, argent. Fausse de coin moderne.
22 — Prusias Ier, roi de Bithynie, bronze.
Attalus II, roi de Pergame (Mysie), bronze.

Afrique.

23 — Carthage, bronze.
Ptolémée VIII et Ptolémée IX, bronze.
Trajan, grand bronze, pièce frappée à Alexandrie.
Hadrien, grand bronze, pièce frappée à Alexandrie.
Caracalla, petit bronze, frappée à Edesse.
Maximien Hercule, petit bronze, frappée à Alexandrie.

24 — Néron, pièce frappée à Antioche, argent.
25 — Trajan Dèce, pièce frappée à Antioche, Potin.
Commode, moyen bronze, Alexandrie.
Dioclètien, petit bronze, Alexandrie.

République romaine.

26 — As Romain.
Famille Antonia, Legion VII, denier.

Empire romain.

27 — Auguste, 3 deniers.
28 — Auguste, moyen bronze, 2 pièces.
Julie, moyen bronze.
Tibère, moyen bronze.
Germanicus, moyen bronze.
Caligula, moyen bronze.
Claude, moyen bronze, 2 pièces.
29 — Néron, aureus.
30 — Id. denier.
Id. moyen bronze, 5 pièces.
31 — Titus, moyen bronze.
Domitien, moyen bronze, 4 pièces.
32 — Id. denier.
Id. petit bronze, 2 pièces.
Nerva, moyen bronze, 2 pièces.
33 — Trajan, denier, 3 pièces.
Id. moyen bronze, 2 pièces.
34 — Hadrien, aureus.
35 — Id. 2 deniers.
Id. moyen bronze, 4 pièces.

36 — Id. moyen bronze, 2 pièces
Sabine, moyen bronze.
Antonin, denier.
Id. grand bronze.
Id. moyen bronze, 2 pièces
37 — Faustine mère, aureus.
38 — Id. denier.
Id. grand bronze.
Id. moyen bronze.
39 — Marc-Aurèle, aureus.
40 — Id. denier.
Id. 3 moyens bronzes.
Antonin et Marc-Aurèle, restitution, denier.
41 — Marc-Aurèle, moyen bronze, 2 pièces.
Faustine, Je, denier.
Id. grand bronze.
Id. moyen bronze.
42 — Lucius Verus, denier.
Id. grand bronze.
Lucile, denier.
Id. moyen bronze.
43 — Commode, moyen bronze, 4 pièces.
Crispine, moyen bronze, 2 pièces.
44 — Septime Sevère, 3 deniers, 1 moyen bronze.
Julia Domna, grand bronze.
45 — Caracalla, 2 deniers, 4 moyens bronzes.
46 — Géta, 3 deniers.
Julia Moesa, denier.
47 — Alexandre Sévère, 2 deniers, 2 moyens bronzes.
Julia Mamaea, 1 denier, 1 grand bronze.

48 — Maximin 1er, 2 deniers, 1 grand bronze.
Maxime, grand bronze.

49 — Gordien III, 4 deniers, 1 grand bronze, 1 moyen bronze.

50 — Philippe père, 6 deniers, 3 grands bronzes.

51 — Otacilia Severa, 2 deniers.
Philippe fils, 2 deniers.

52 — Trajan Dèce, 3 deniers, 1 moyen bronze.
Etruseille, denier.
Hostilien César, denier.

53 — Trebonien Galle, 3 deniers.
Volusien, 3 deniers, 2 grands bronzes.

54 — Valerien père, 2 deniers.
Gallien, 2 deniers.
Salonine, 2 deniers.
Postume père, 2 deniers.
Victorin père, 2 petits bronzes.

55 — Marius, petit bronze.
Tetricus père, 2 petits bronzes.
Tetricus fils, 3 petits bronzes.
Claude-le-Gothique, 5 petits bronzes.
Quintille, petit bronze.

56 — Aurelien, 5 petits bronzes.
Severine, petit bronze.
Tacite, 2 pièces saucées.
Florien, petit bronze.
Probus, 2 pièces saucées, 1 petit bronze.
Carus, petit bronze.
Numerien, 2 petits bronzes.

57 — Carin, 1 pièce saucée, 1 petit bronze.
Dioclétien, 2 pièces saucées, 2 grands bronzes.
Maximien Hercule, 3 grands bronzes, 5 petits bronzes.
Constance Chlore, 4 grands bronzes.

58 — Maximien Galère, 2 grands bronzes.
Sevère II, grand bronze.
Maximin d'Aza, 2 petits bronzes.
Maxence, 1 grand bronze, 1 petit bronze.
Licinius père, 4 petits bronzes.
Licinius fils, petit bronze.
Constantin, 1 grand bronze, 9 petits bronzes.

59 — Crispe César, petit bronze.
Constantin jeune, 2 petits bronzes.
Constant Ier, 3 petits bronzes.
Constance II, 4 petits bronzes.
Magnence, moyen bronze.
Decence, moyen bronze.
Julien l'apostat, grand bronze.

60 — Valentinien Ier, or.

61 — Id. 2 petits bronzes.
Valens, argent.
Id. 2 petits bronzes.
Gratien, 3 petits bronzes.
Magnus Maximus, moyen bronze.
Valentinien II, petit bronze.
Theodose, 2 petits bronzes.

Moyen-âge.

62 — Constantinus Tyrannus, or.
63 — Marcien, or.
64 — Léon Ier, or.
Zenon, or.

65 — Anastase, or.
Justinien Ier, or.

66 — Justin Ier, 2 petits bronzes.
Justinien Ier, 1 grand bronze, 1 petit bronze.
Justin II, grand bronze.
Maurice Tibère, grand bronze.

67 — Héraclius, grand bronze.
Constantin IX, moyen bronze.
Romain Ier, moyen bronze.
Zimiscès, 1 grand bronze, 2 moyens bronzes.
Romain IV, moyen bronze.

68 — Constantin X et Romain II, or.
69 — Manuel Comnène, pièce concave, or.
70 — Isaac II, l'Ange, pièce concave, bronze.

France.

71 — Philippe III, le Hardi, 1 gros tournois, 2 petits tournois.
Philippe IV, le Bel, 1 tiers de gros tournois, 2 mailles tournois.
Charles IV, double parisis.
Philippe VI de Valois, maille blanche.

72 — Jean II, le Bon, or.
73 — Charles V, le Sage, or.

74 — Charles VI, gros royal, dit Croisette, 2 pièces.
Henri VI, d'Angleterre, prétendant, argent.
Charles VII, double parisis.
Charles VIII, 1 blanc à la couronne, 1 karolu.
75 — Louis XII, dixain à la couronne.
Id. douzain au porc-épi.
François Ier, 2 demi-testons.
76 — Id. 3 douzains variés, 1 liard bronze, 3 doubles tournois bronze.
François Ier, teston, *duc de Bretagne.*
77 — Id. teston pour le Dauphiné, 3 douzains, bronze.
François Ier, 4 pièces, billon, liards et doubles tournois.
78 — Henri II, henri d'or.
79 — Id. 1 teston, 3 douzains.
Id. 1 teston pour le Dauphiné, 3 douzains, id.
80 — Henri II, 3 testons variés, 1 demi teston, 1 demi-gros de Nesle, 1 douzain.
81 — Charles IX, or, demi-écu.
82 — Id. 1 teston, 2 demi-testons, 1 double sol parisis, 5 sols parisis, 1 douzain.
Charles IX, teston frappé à Compiègne, 1 demi-teston id., rare.
Charles IX, 1 douzain pour le Dauphiné.
83 — Henri III, 1 demi-franc, 2 quarts de franc, 1 teston, 1 demi-teston, 1 quart d'écu, 2 pièces de six blancs, 2 douzains, 1 liard billon, 1 double tournois, 3 deniers tournois.

84 — Henri III, 1 pièce de six blancs pour le Dauphiné, rare, 1 douzain, 1 liard billon, 1 double tournois.

Charles X, cardinal de Bourbon, 1 demi-quart d'écu, 1 douzain, 1 double tournois.

85 — Henri IV, 2 testons, 1 demi teston, 1 quart d'écu.

Henri IV, 1 quart d'écu frappé au balancier.
Id. 1 quart d'écu pour le Dauphiné, pièce fourrée du temps.

86 — Henri IV, 4 douzains, 5 doubles tournois, 1 denier tournois.

Henri IV, 1 quart d'écu pour le Dauphiné,
1 demi-quart d'écu id.

Henri IV, 1 quart d'écu pour la Navarre,
1 demi-quart d'écu id.
1 douzain id.

87 — Louis XIII, 1 demi-franc, 3 quarts d'écu, 2 douzains, 1 pièce argent 1642.

Louis XIII, 1 quart de franc pour le Dauphiné.

Louis XIII, demi-quart de franc pour la Navarre.

88 — Louis XIII, 1 demi-louis d'or.

89 — Id. écu blanc 1643.

90 — Id. 2 demi-écus 1642 et 1643, 2 quarts d'écu.

91 — Louis XIII, 1 denier tournoi frappé en argent, essai.
Louis XIII, 1 douzain, 13 doubles tournois bien conservés, 6 deniers tournois, 1 denier pour épouser, argent.
92 — Louis XIII, piéfort du double tournois.
Id. piéfort du denier tournois.
93 — Louis XIV, écu d'or.
94 — Id. écu blanc 1644.
95 — Id. demi-écu id.
quart de l'écu blanc 1644.
1 pièce de 2 sous argent.
3 fractions de l'écu blanc.
96 — Id. 1 fraction de l'écu aux palmes, 1696.
Louis XIV, 10 autres pièces argent.
Id. demi-écu, 1649.
Id. quart de l'écu blanc, 1647.
97 — Id. écu carambole, écusson rond à palmes, 1694. Très rare.
98 — Louis XIV, demi-écu, 1709, frappé à Strasbourg.
2 demi-écus de Strasbourg.
99 — Louis XIV, écu blanc, 1651.
100 — Id. écu, 1682.
101 — Id. écu, 1684.
102 — Id. écu, 1690.
103 — Id. écu, 1694.
104 — Id. écu, 1703.
105 — Id. écu, 1704.
106 — Id. écu, 1715.

107 — Id. écu pour le Béarn, 1666.
108 — Id. écu pour le Béarn, 1681.
109 — Id. écu pour la Navarre, 1653.
110 — Id. 2 quarts d'écu, type des anciennes monnaies.

111 — Louis XIV, 2 quarts d'écus, type des anciennes monnaies.

112 — Louis XIV, 4 fractions d'écus divers.
1 demi-écu aux trois couronnes.
1 demi-écu, 1671.

113 — — 4 fractions d'écus divers.
2 demi-écus.

114 — Louis XV, écu au bandeau, 1758, très bien conservé.

115 — Louis XV, écu, 1718.
116 — Id. écu, 1733.
117 — Id. écu, 1721.
118 — Id. écu, 1724.
119 — Id. écu dit de Navarre.
120 — Id. demi-écu au bandeau, 1766.
demi-écu jeune, 1716.

121 — Id. fractions d'écus divers, 9 pièces.
1 pièce de xx s., 1 fraction de l'écu au bandeau, 2 pièces Pondichéri argent, 3 pièces id. cuivre.

122 — Louis XIV, fraction de l'écu carambole.
x s., 2 s., 1 s. de Strasbourg.
9 pièces billon, Louis XIV et Louis XV.
2 pièces cuivre, siége de Lille.

123 — Louis XVI, écu dit de Calonne, essai.

124 — — écu, l'an IV de la liberté.

République, 6 livres, 1793.

125 — Id. 6 livres sans la date 1793, plus rare.

Louis XVI, demi-écu.

Id. 3 sols, îles de France et de Bourbon, billon.

Louis XIII, Gironne, cuivre.

126 — Louis XVI, roi des François, 1792. Vivre libre ou mourir. Essai, très rare.

127 — 1 demi-dixain, essai, métal de cloche.

128 — Essai de Clemanson de Lyon.

50 sous, île Maurice.

129 — *Rengne* de la loi, pièce d'essai.

2 sous, 6 deniers, Caisse de bonne foi, 10 sol, Lefevre, Le Sage, et compagnie, 10 sous id., variété, 5 sous id., 5 sous, Potter.

130 — Bonaparte, Ier consul, essai, cuivre.

Napoléon, empereur, essai Salneuve, cuivre.

131 — Napoléon, empereur, 1887, essai, cuivre.

Essai Gengembre, tête de Lavoisier.

132 — 2 francs, 1 franc, demi-franc, un quart de franc, Napoléon, empereur, 1807, grosse tête.

2 francs, Napoléon, Italie.

2 francs, Napoléon, 1815.

133 — Essai Saulnier, virole brisée, cuivre.
Essai Gatteau, an x, cuivre.
Balancier perfectionné, Léonard Tournu, cuivre.

134 — Charles X, essai Moreau, cuivre.
2 sous à la balance, 2 sous siége de Mayence, 3 sous Louis XVI, colonies françaises, 10 centimes Louis XVIII, Guyane, 2 pièc. id., île de Bourbon, Pondichéri, Louis-Philippe, 2 pièces cuivre.

135 — République piémontaise, mezzo scudo.

136 — Strasbourg, LX kreutzer, argent.

137 — Strasbourg, écu.

138 — Perpignan, moyen-âge, Besançon, tête de Charles-Quint, Strasbourg, 4 Bractéates, 4 autres pièces argent.
Léopold Ier, duc de Lorraine, 1 teston, 1 demi-teston, 4 pièces billon.

139 — Ducs de Bourgogne, Hugues IV, Philippe-le-Hardi, Philippe-le-Bon, Philippe-le-Beau, Philippe II, Philippe IV, 8 pièces argent, billon et cuivre.
Philippe II, seigneur de Tournay, écu.

140 — Frédéric Henri, prince d'Orange.
Henri Ier, comte de Champagne.
Centules IV, comte de Béarn.
Hugo, comte de Rhodès.
Charles V, comte de Flandres.
Jean III, de Brabant, pièce frappée à Louvain.
Guillaume III, comte de Hainaut.

Philippe IV, comte d'Artois.
Pierre de Courtenay d'Hervé, duc de Nevers.
Vissembourg.
11 autres pièces, diverses principautés, moyen-âge, billon et cuivre.

141 — Henri, prince de Dombes, teston et demi-teston.
Marie de Dombes, Gaston de Dombes.
Maximilien de Béthune (Sully).
Ducs de Bouillon, douze pièces cuivre.

142 — Etienne, évêque de Meaux, 1162, billon.
Pierre, évêque de Meaux, 1172-1173, billon.

143 — Chapitre de Metz, 2 pièces argent.
Louis Constant, archevêque de Strasbourg, argent.
Placide, abbé de Murbach, argent.
Abbaye de Saint-Omer, cuivre.
Jean IV, duc de Bretagne, billon.
Jean V, id. id.

144 — François II, id. or.

Angleterre.

145 — Henri III, 4 pièces argent.
Henri VIII, pièce frappée à Durham, argent.
Edouard VI, schelling.
Marie et Philippe, schelling.

146 — Edouard VI, écu.

147 — Charles Ier, écu.
148 — Jacques II, demi-écu.
Interrègne, 1 schelling, 1 demi-schelling.
149 — Olivier Cromwel, couronne.
150 — Id. demi-couronne.
151 — Charles II, schelling, demi-schelling, et pièces de 2 pences, argent.
Marie et Guillaume, demi-écu.

Ecosse.

152 — Marie Stuart et Henri, couronne.
153 — Marie Stuart seule, schelling.
154 — Jarques Ier, argent.
Jacques VI, argent.
155 — Massachusset, règne de Cromwell, 2 pièces argent.
Inde anglaise, 1 roupie; Calcutta, demi-roupie.

Danemarck.

156 — Christian IV, 2 pièces, argent.
157 — Frédéric III, écu, 1659.
158 — Christian, V écu, 1690.
159 — Frédéric IV, écu, 1723.
160 — Christian VI, écu, 1731.
161 — Frédéric II, obsidionale, 1563.
Christian VI, argent, Frédéric IV, argent, Frédéric V, colonies, billon.
Christian VII, billon, Christian VIII, argent.
162 — Christian IV, écu pour la Norwége.

Suède.

163 — Gustave Ier, Vasa, 1523-1560, écu.
164 — Eric XIV, écu, 1561, rare.
165 — Charles IX, écu, 1604.
166 — Gustave II, Adolphe, écu, 1632.
167 — Charles X, écu rare et bien conservé.
168 — Charles XI, écu, 1676.
169 — Ulrique Eléonore, écu rare.
170 — Christine, demi-écu.
Charles XI, demi-écu, pour la Poméranie.
Charles XII, argent.
171 — Eric XIV, obsidionale 1661.
Jean III, obsidionale.
172 — Frédéric, écu.

Russie.

173 — Pierre-le-Grand, or.
174 — Id. demi-écu, Catherine Ire, demi-écu.
175 — Iwan VI, écu.
176 — Elisabeth, écu, id, campagne de Prusse, argent.
177 — Catherine II, or.
Elisabeth, or.
178 — Alexandre, platine.

Pologne.

179 — Wladislas VII, écu, 1634.
180 — Sigismond Ier, argent, 1544.
Sigismond III, argent, 1544. Dantzig, argent.

181 — Frédéric-Auguste, écu.
182 — Révolution de Pologne, argent.

Allemagne.

183 — Maximilien Ier, 1493-1519, écu.
184 — Charles-Quint, or.
185 — Ferdinand Ier, 1558-1564, écu.
186 — Ferdinand II, écu, 1631.
187 — Ferdinand III, écu, 1648.
188 — Léopold Ier, écu 1702.
189 — Marie-Thérèse, or.
190 — Charles VI, Hongrie, demi-écu.
Charles VII, Ratisbonne, demi-écu.
191 — Ferdinand III, Hongrie, écu, 1655.
192 — Ferdinand III, Tyrol, demi-écu.
Louis Ier. Bohême, écu, 1525.
193 — Mathias II, (Ier d'Allemagne) Bohême, écu, 1612.
194 — Philippe II, duc de Stettin, or.
195 — Louis Ier d'Anjou, Hongrie, 1342-1382, or.
196 — Mathias Corvin, Hongrie, 1458-1490, or.
197 — Gabriel Bathori, or, 1609, Transylvanie.
198 — Ferdinand III, Hongrie, quart d'écu.
Léopold Ier, pièce frappée par Swoll, ville impériale, argent.
Une pièce de Poniatowski, roi de Pologne, argent.
199 — Siége de Landau, argent, 1 fl. 4 k.
200 — Jean Godefroy, évêque de Wurtzbourg, écu, 1693.

201 — Georges Rakocy, prince de Transylvanie, écu, 1650.

202 — Jean-Albert, duc de Mecklembourg Schwerin, écu, 1549.

203 — Georges et Albert, marquis de Brandebourg, écu, 1538.

204 — Léopold Ier, prince de Bohême, argent.

Un demi écu de Frédéric-Auguste, roi de Pologne.

Christian, Jean-Georges et Auguste, ducs de Saxe, demi-écu, 1597.

Alexandre, duc de Deux Ponts, argent.

205 — Georges IV, duc de Brunswick et Lunebourg, demi-couronne; Charles, duc de Brunswick et Lunebourg, argent; Rodolphe II, pièce frappée pour Wismar, argent; Marie-Thérèse, Hongrie, argent; une pièce de Francfort, argent; Charles, duc de Wurtemberg, argent; François-Charles-Joseph, archevêque de Mayence, argent.

206 — Jean Frédéric, duc de Saxe, écu, 1531.

207 — Charles-Louis, comte palatin du Rhin, écu, 1559.

208 — Frédéric, comte palatin du Rhin, écu, 1547.

209 — Auguste, Brunswick et Lunebourg, écu, 1643.

210 — Jean-François-Henri, Guillaume-Marie, Henri-Casimir et François-Alexandre, princes de Nassau, écu, 1681, modèle 1365.

211 — Joachim, prince d'Anhat et d'Ascanie, écu, 1572.

212 — Christian-Louis, Mecklembourg-Schwerin, écu. 1688.

213 — Jean-Frédéric, prince de Hohenloe, écu, 1696.

214 — Maximilien, grand-maître de l'Ordre teutonique, écu, 1603.

215 — Jean Georges Ier, duc de Saxe, demi-écu, 1621.

Jean Georges II, duc de Saxe, demi-écu, 1668.

216 — Jean Georges Ier, écu, 1629.

217 — Joachim Napoléon, grand-duc de Berg, demi-écu, 1806.

Charles, prince de Waldeck, demi-écu.

Paul-Frédéric, Mecklembourg-Schwerin, demi-écu.

218 — Jérôme-Napoléon, Westphalie, demi-écu.

Albert, marquis de Brandebourg, demi-écu, 1549.

Frédéric-Guillaume, Prusse, argent, 1787.

Ragotzki, guerre de Hongrie, pièce de nécessité, demi-écu. Duby, pl. 100, n. 26.

219 — Frédéric-Guillaume le Grand, argent, 1674.

Charles-Théodore, Bavière, demi-écu.

Jean-Georges, comte de Mansfeldt, demi-écu, 1669.

Charles-Alexandre, duc de Wurtemberg, argent.

220 — Christian, duc de Brunswick et Lunebourg, demi-écu, 1623.

Georges-Guillaume, duc de Brunswick et Lunebourg, demi-écu, 1693.

Ernest-Auguste, duc de Brunswick et Lunebourg, demi-écu, 1694.

221 — Frédéric, prince primat, évêque de Worms et Spire, duc de Lorraine, comte palatin, écu, 1673.

Jean Georges III, duc de Saxe, demi-écu, 1689.

Ville de Nuremberg, petite pièce d'or carrée.

222 — Frédéric IV, comte palatin, argent.

Worms, ville de Hesse-d'Armstadt, argent, moyen-âge.

Bavière, Bractéates, 3 pièces.

Cologne, moyen-âge, argent.

Paris, archevêque de Salzbourg, argent.

Jean-Ernest, archevêque de Salzbourg, argent, 2 pièces.

Ville de Bade, argent.

Frédéric II, roi de Prusse, 1 pièce, argent, 1 billon.

Sigismond, évêque de Salzbourg.

Grands-ducs de Hesse, 1768 et 1771, 2 pièces, argent.

Deux-Siciles, argent.

Ville de Fribourg, Allemagne, argent.

223 — Philippe, grand-duc de Bade, bractéate.

Mayence, argent.

Nuremberg.

Cologne, moyen-âge.

Lubeck, Aix-la-Chapelle et diverses autres villes et principautés d'Allemagne, 27 pièces argent et billon.

224 — Frédéric-Auguste Ier, duc de Saxe, écu, 1695.

Jean-Georges et Auguste-Frédéric, Saxe-Weymar, demi-écu, 1605.

Eberhard (Louis), duc de Wurtemberg, demi-écu, 1694.

225 — Jean-Philippe, archevêque de Mayence, or.

Pays-Bas, Hollande.

226 — Philippe de Montmorency, comte de Horn et Wiert, décapité à Bruxelles en 1568 avec le comte d'Egmont, écu.

227 — Maurice de Nassau, deuxième stathouder, écu, 1586

228 — Charles-Quint, Pays-Bas, argent.

Nimègue, moyen-âge, argent.

Marie-Thérèse, demi-écu.

Fédération belge, 1 gulden, 1835.

229 — Napoléon-Louis, écu, 1806.

Colonies hollandaises, 1802, argent.

Guillaume, demi-gulden.

1 pièce Inde hollandaise.

230 — Liége, siége vacant, 1763, écu.

Maximilien-Henri, évêque de Liége, écu, 1664.

Suisse.

231 — Canton de Soleure, écu, 1501.

232 — Roger, évêque de Lausane, moyen-âge.

Canton de Soleure, moyen-âge.

Uri et Underwald, moyen-âge.

Charles IV, d'Allemagne, pour Coire, canton des Grisons.

Adrien de Ried, évêque du Valais, moyen-âge.

Hildebrand Judocus, évêque du Valais, moyen-âge.

Canton de Zug, demi-écu, 1620.

233 — Saint-Gall, argent, 1505.

République tigurienne, demi-écu.

Zurich, demi-écu.

Berne, 1 frank.

234 — Basle, assis Duplex.

Schwitz, argent.

Soleure, argent.

Fribourg, argent.

Zurich, argent.

Berne, Argau, Lucerne, République helvétique, 4 pièces argent.

235 — Saint-Gall, Grisons, Berne, Vaud, 5 pièces argent.

Joseph, évêque de Bâle, argent.

Uri, argent.
Tessin, billon.
Alexandre Berthier, prince de Neufchâtel, billon.
Genève, 15 sols, 1794, 7 pièces.
Marie d'Orléans, princesse de Neufchâtel, argent.
Canton de Glaris, billon.
Basle, assis, 1697.

236 — Soleure, quart d'écu moyen-âge.
Schaffouse, quart d'écu, 1614.
1 pièce de Georges III d'Angleterre pour Brunswick et Lunebourg, argent.

Espagne.

237 — Ferdinand le Catholique, pour Majorque, or.
238 — Philippe le Beau et Jeanne la Folle, or.
239 — Jacques II d'Aragon, 1291-1327, billon.
Henri de Transtamare, Castille et Léon, 1368-1379, billon.
Charles-Quint, billon.
Ferdinand et Isabelle, argent.
Ferdinand VII, obsidionale, 1808, piastre carrée.

240 — Ferdinand VII, obsidionale, 1821, piastre.
Id., argent.
Charles II, Majorque, argent.
Isabelle, pour la Catalogne, argent.
Colonies, argent.

Navarre.

241 — Jeanne d'Albret, demi-écu.
Henri II (quart de franc), demi-écu.
Louis XIV, quart d'écu, rare.

Portugal.

242 — Jean III, 1521-1557, or.
243 — Jean Ier, régent, 1383-1385-1443, billon.
Jean III, argent.
Sébastien, 1557-1578, argent.
244 — Jean V, argent.
Maria II, demi-écu.

Savoie, Sardaigne.

245 — Louis, beau-frère de Louis XI de France, 1451-1465, billon.
Charles II, teston, 1489-1496.
Emmanuel-Philibert, teston, 1579.
246 — Charles-Emmanuel, écu, 1581.
247 — Id. écu, 1588.
248 — Victor-Amédée, écu, 1632.

Spinosa.

249 — Philippe Ier, comte de Spinosa, écu, 1640.

Gênes.

250 — François-Marie Saoli, doge de Gênes, écu, 1694.
251 — Galéas-Marie Sforce, duc de Milan, doge de Gênes, 1466-1476, argent, rare.

252 — Augustin Pallavicini, quadruple écu, 1637-1639.

253 — François-Marie Invrea, 1691-1693, écu.

254 — Etienne Mari, 1663-1666, écu.

François Gerbarini, 1669-1671, demi-écu.

Milan, Mantoue.

255 — François Ier Sforce, duc de Milan, 1447-1460, or.

256 — Philippe II d'Espagne, duc de Milan, écu, 1594.

257 — Philippe III, id., écu, 1608.

258 — Philippe IV, id., écu.

259 — Charles VI, Milan, 1 pièce argent, 1 pièce billon.

Joseph II, id., argent.

Marie-Thérèse, id., 1 pièce argent, 1 pièce billon.

François II, id., argent.

Galéas-Marie Sforce, duc de Milan, 1466-1476, teston.

260 — Louis-Marie Sforce le More, 1414-1500, teston.

Guillaume, duc de Montferrat, duc de Mantoue, 1550-1587, teston.

261 — Vincent Ier, duc de Mantoue, 1587-1612, écu.

262 — Ferdinand-Charles, id., écu, 1615.

263 — Vincent II, écu, 1627, Mantoue.

264 — Ferdinand-Charles, id., écu, 1706.

265 — Michel-Antoine, marquis de Saluces, argent moyen-âge.

Jérome de Franchi, doge de Gênes, 1652-1658, argent.

Jean-Baptiste Cambiaso, id., argent, 1675.

Papes.

266 — Léon X, 1513-1522, or.
267 — Paul III, 1534-1549, or.
268 — Innocent XI, 1676-1689, écu.
269 — Alexandre VIII, demi-écu.
Innocent XII, demi-écu.
Paul IV, argent.
270 — Grégoire XIII.
Siège vacant, 1617.
Innocent XI.
Clément XIII.
Pie V.
Pie VI.
Pie VII, 9 pièces argent.
271. — Alexandre VIII, argent, 1689.
Clement XII, argent, 1735.
Siège vacant, argent.
272 — Siège vacant, demi-écu, 1823.
Id. demi-écu, 1829.
273 — République romaine, écu, 1796.
274 — Hercule Ier, deuxième duc de Ferrare, 1471-1505, teston.
275 — Bologne, écu, 1796.

Venise.

276 — A. Barbarigo, doge, 1486-1501, argent.
A. Gritti, 1523-1539, argent.

277 — N. Da Ponte, 1578-1586, écu.
P. Lando, 1539-1545, argent.
278 — L Cicogna, 1585-1595, écu.
279 — M. Grimani, 1595-1606, or.
280 — D. Contareno, 1659-1675, argent.
F. Maurosini, 1688-1694, argent.
281 — A. Contareno, 1623-1624, écu.
282 — Jean Cornélius, écu.
283 — S. Valieri, 1694-1700, demi-écu.
F. Contareno, demi-écu.
284 — A. Mocenigo, demi-écu, 1731.
C. Ruzzini, demi-écu, 1733.
285 — A. Mocenigo, écu.
286 — F. Loredano, 1752-1762, or.
287 — Paul Ranieri, 1779-1788, écu.
288 — L. Pisani, 1735-1741, argent.
A. Mocenigo, argent.
289 — P. Ranieri, 1 écu, 1 demi-écu.
290 — F. Mauroce, demi-écu.
François II, 1 1/2 lira Venise, 1802.
291 — République de Venisce, 1789, écu.
292 — Venise, l'an Ier de la liberté, 1797, écu.
293 — Théodore de Trivulce, demi-écu.

Parme.

294 — Alexandre Farnèse, écu, 1591.
295 — Rainuce Ier, 1592-1622, or.
296 — Rainuce II, 1646-1694, écu,

Monaco.

297 — Honoré II, écu, 1653.

298 — Louis Ier, demi-écu, 1666.
Honoré III, billon.

Toscane, Étrurie.

299 — Alexandre Médicis, 1532-1537, teston.
Cosme III, demi-écu, 1677.
300 — François Marie, écu, 1577.
301 — Jean Gaston, or, 1725.
302 — Id. écu, 1725.
303 — Charles Louis et Marie Louise, régente, demi-écu, 1804.

Naples, Sicile.

304 — Ferdinand Ier le Catholique, or.
305 — République napolitaine, écu, l'an 7 de la liberté.
306 — Joseph Napoléon, écu.

Malte.

307 — François Ximenès de Texada, grand maître, demi-écu, 1774.
Manuel de Rohan, demi-écu, 1796.
308 — Hompesch, écu, 1798.

Diverses.

309 — François Ier de Modène, 1629-1658, demi-écu.
Charles II d'Espagne, prince de Naples, argent.
Ferdinand III, Sicile, argent.
Ferdinand IV, id. argent.
Charles Louis, Toscane, argent.

310 — Turquie, 1 pièce, or.
311 — Turquie, Alger etc., 11 pièces argent.
312 — Turquie, écu.
313 — Hispahan, une pièce, argent.
Inde, Perse, etc., 5 pièces, argent.
314 — Japon, une plaque, argent.
Une pièce carré long, argent.
315 — Japon, une grande pièce, argent.
316 — Pondichéri, or.
317 — Id. un écu, une roupie.
318 — Amérique espagnole, Saint-Domingue, etc., 9 pièces, argent.
319 — El Kamel, frère de Malek el Adel, sultan d'Egypte occupant la Syrie au douzième siècle, or.
320 — Malek el Kamel, prince ayoubite, sultan d'Egypte, 646 de l'Hégyre, pièce frappée au Caire, or.

SUPPLÉMENT.

321 — Tibère, 1 aureus.
322 — Drusus senior, 1 aureus.
323 — Antonin, 1 aureus.
324 — Dioclétien, 1 aureus.
325 — Valens, Théodose jeune, 2 sous d'or.

326 — Marcien, 1 sol d'or.

327 — Calpurnia, Julia, Furia, 3 deniers consulaires.

328 — Vespasien, Domitien, Trajan, Hadrien, Antonin, M. Aurèle, Faustine jeune, Verus, Lucille, Commode, S. Severe, Elagabale, 20 deniers.

329 — Vespasien, Nerva, Trajan, Antonin, M. Aurèle, Commode, S. Severe, Caracalla, Elagabale, S. Alexandre, Mamée. — 20 deniers.

330 — Vingt grands bronzes romains.

331 — Vingt grands bronzes romains.

332 — Vingt grands bronzes romains.

333 — Gordien III, Philippe père, Philippe fils, Trajan Dèce, Etruscille, Gallien, Valérien père, Postume, 9 deniers.

334 — Quarante moyens bronzes romains.

335 — Quarante petits bronzes grecques, romains et byzantins.

336 — Quatre petits bronzes du haut-empire.

337 — Jean, Charles VI, Philippe le bon, comte de Flandres, Alfonse, comte du Poitou, etc., quinze pièces du moyen-âge, argent et billon.

338 — Henri II, 3 testons dont un frappé au balancier; écu de Louis XIV, aux 8 L. — Grande médaille ovale de la république, respect à la loi ; 5 pièces argent.

339 — Jean Frédéric le magnanime, Jean électeur, Jean-Georges 1er, 3 écus de Saxe.

340 — Léopold 1er, empereur d'Allemagne, Léopold II, Charles Théodore électeur, palatin, Innocent XI; siége vacant, Pise, Charles II d'Angleterre, 7 pièces.

341 — 14 pièces diverses en cuivre.

Imp. de Maulde et Renou, rue Bailleul 9-11.

PARIS
IMP.
MAULDE & RENOU
r. Bailleul, 9-11.

www.ingramcontent.com/pod-product-compliance
Ingram Content Group UK Ltd.
Pitfield, Milton Keynes, MK11 3LW, UK
UKHW021041180726
13838UKWH00004B/1932